JN007449

トップアスリートを目指す

キッズ
トレーニング

山田康明
YAMADA YASUAKI

幻冬舎MC

トップアスリートを目指す
キッズトレーニング

はじめに

　MLBのロサンゼルス・エンゼルスで二刀流に挑戦する大谷翔平。「和製メッシ」と呼ばれるサッカーの久保建英。4大大会で4度優勝したテニスの大坂なおみ。

　世界で活躍するアスリートのように「うちの子も将来はプロになってほしい！」と期待を寄せるお父さんお母さんであれば、早い段階でスポーツを習わせたり、教えたりしていることでしょう。

　しかし、小さい頃から同じ種目だけを練習することがトップアスリートへの近道かといえば、そうではありません。

　例えば毎日野球の練習をすれば、ボールを投げる・打つなどの「技術」は向上していくでしょう。ただ、「技術」だけではトップアスリートに近づくことはできません。技術に加え、スポーツをするうえで土台となる基礎能力をバランス良く鍛えていくことが何よりも大切です。

　「筋力」はどんなスポーツでも必要ですし、筋力を十分に発揮するには「体幹」を鍛えなくてはいけません。自由自在に体を動かすためには「脳」も鍛える必要がありますし、ほかにも「瞬発力」「バランス能力」「反応能力」などスポーツを上達させるにはあらゆる基礎能力の強化が大切です。

　しかし、同じ種目の練習だけをしていると鍛える部分がどうしても偏りがちになり、バランス良く鍛えることができません。

そこで、ぜひ日々の練習に加えて取り組んでいただきたいのが「子どもの ためのトレーニング」です。

　普段、野球やサッカーなど、特定の練習ではなかなか鍛えづらい能力を、 トレーニングによって補い、鍛えていくのです。

　特に4〜12歳は"ゴールデンエイジ"と呼ばれ、幼稚園から小学生の頃 にかけて神経系の発達が著しい時期です。ゴールデンエイジにさまざまな能 力を高めるトレーニングをするととても効果があります。

　私はこれまで、愛知・岐阜県で10のパーソナルトレーニングジムを経営 し、大人だけではなく、数千人以上の子どもたちにもトレーニングを指導し てきました。そのなかには野球の強豪校に進学した子や、体操で全国大会に 出た子、プロのサッカー選手になった子など、アスリートとして将来が期待 されている子が数多くいます。

　本書では、まず体幹・俊敏性・瞬発力・筋力・脳など、スポーツに欠かせ ない基礎能力について解説する理論編、次に実践編としてそれらの基礎能力 を鍛えるトレーニング方法を初級・中級・上級・アスリートとレベルに分け て紹介します。

　スポーツで夢を叶えたい子どもたちのために、本書を通じてバランス良く 運動能力を高め、将来すばらしい結果を残すための一助となれば幸いです。

Column

第**3**章
【実践編】トップアスリートを目指す
レベル別トレーニングメニュー

第  章

世界で活躍する選手は
幼少期から
トレーニングを
始める

テニスプレイヤーの錦織 圭選手がテニスラケットで遊び始めたのは5歳のとき、テニスだけでなく水泳やサッカーなど、たくさんのスポーツを習っていたそうです。NBAで活躍する八村 塁選手は幼少期、野球に熱中していました。このように一流のアスリートといえば、幼い頃からその種目の英才教育を受けたと思われがちですが、実は違います。

　彼らに共通するのは、運動能力がバランス良く鍛えられていること。さまざまな運動能力が整っているため、幼少期に経験したスポーツとは異なるスポーツに転向しても結果が出せるのです。

　親の思い込みで1種目に関して英才教育を行ってしまうと、正しい体づくりをしないまま成長し、厳しい競技生活のなかで怪我や故障で苦しんだりして、才能を開花させることなくスポーツを諦めてしまう子どもたちを生んでしまいます。伸びていく仲間を横目に焦りが生じ、過度なトレーニングで体を壊してしまうことも少なくありません。

こうした子どもたちが、もしも幼少期から正しいトレーニングを続けていたら、たとえ、一時的に伸び悩んだとしても、必ず才能を開花させます。スポーツにスランプはつきものです。それを乗り越えるだけの運動能力が備わっていれば、スランプはむしろチャンスなのです。

　世界で活躍するアスリートたちですら、何度もスランプにおちいり、壁を乗り越えてきました。むしろその過程があったからこそ、広い舞台で活躍する技量や精神力が養われ、大きく成長したといえるでしょう。

　つまり、幼少期から正しいトレーニングを行うことは、運動能力・身体能力を高めて、夢を諦めない子どもを育てるだけでなく、世界で活躍する可能性を大きく広げる第一歩でもあるのです。

　幼少期のトレーニングにまつわる誤った情報を知り、正しいトレーニングの必要性について学びましょう。

それって本当？　幼少期のトレーニング 大きな勘違い

　幼少期に正しいトレーニングをすることは、それ以降の能力向上に欠かせません。しかし、トレーニングに関する誤った知識がはびこっていることもまた事実です。

　例えば、体格差が結果に反映されやすい幼稚園から小学校までの期間、体の小さい子に対して、保護者やコーチが「体力がないから長い距離を走りなさい」「打球が飛ばないから重いバットを振って練習しなさい」と指導することがあります。このように、体格に合わないトレーニングをして力をつけるというのは、誤ったトレーニング知識です。

　子どもの段階では、数年後に10センチも20センチも背が伸びることがあります。そのため、特にトップアスリートを目指すのであればジュニア期は、今の結果ではなく、「将来の伸びしろ」に目を向けて、トレーニングをすべきです。

　なぜなら、一つの動作には、複数の能力が複合しているからです。

　例えば、野球で速い球を投げられるようになりたいと思った場合、シャドウピッチングなど「投げる」練習も大切です。しかし、子どもの時期はフォームを安定させるために下半身を鍛えたり、肩を中心とした可動域を広げるなど、バランス良くトレーニングしたほうが将来的に球速が上がる可能性があるのです。

　ですから、キッズトレーニングでは今、結果を出すためのトレーニングではなく、将来、その子が大きくなったときに力を発揮するためのトレーニングを行うことがトップアスリートへの近道だと考えています。

　また、子どものトレーニングを推奨すると、「怪我をしやすくなる」「背が伸びなくなる」などのデメリットを気にされる方がいます。

　しかし、それらは間違っています。

　私は現在まで数千人の子どもたちを見てきましたが、トレーニングが原因で怪我をした、背が伸びなくなった、という事例は一つもありません。

　むしろ怪我をしにくくなり、身長・体重ともに適切な成長を遂げ、あらゆるスポーツ分野で活躍する子どもたちを育ててきました。もちろん、解剖学の教科書にもトレーニングをして怪我をしやすくなる・身長が伸びなくなる、などという記述はありません。トレーニング理論に基づき、原理原則に従ってトレーニングをすれば、効果・成果が現れてきます。

　強いてデメリットを挙げるなら、これが良いと勧められたトレーニングを過度にやり過ぎることです。

　先にも述べましたが、結果を求め、焦りが生じて、自分の体力や能力に合っていないトレーニングをやり過ぎれば当然体が悲鳴を上げます。

　幼少期からのトレーニングは、正しい方法を知ることが大切。スポーツで活躍してほしい！と願うのであれば、ぜひ幼少期からバランスの良いトレーニングを心掛けることが大切です。

ゴールデンエイジに合った
トレーニングとは

幼少期にはどのようなトレーニングが適しているのでしょうか。

ジュニア期は体格差が結果に大きく影響します。

同じ学年でも、4月生まれと3月生まれでは実際には1年もの成長差があり、それが能力にも影響することがあります。たとえ、同じ月に生まれたとしても、子どもの成長スピードには個人差があるので、小学生時代に身長が伸びる子もいれば、高校生になってからグッと大きくなる子もいます。

自分の子がいつ大きくなるのかは誰にも分かりませんので、指導者や保護者としては悩ましいところだと思います。

しかし、「成長の順番」は、みな同じです。

例えば、赤ちゃんだったら、生まれて3カ月くらいすると首が据わり、その後、寝返りができるようになります。そして、ハイハイができるようになり、つかまり立ちをして、1歳になる頃には歩きだし、走れるようになります。

それと同じで、運動能力や身体機能の発達にも段階があります。

幼少期は神経系が発達します。神経系の発達は12歳頃までに完了するといわれており、それから中学生くらいになると心肺機能が発達し、持久力が備わってきます。そして高校生くらいになると次は筋力が備わってきます。

競技指導者のなかには、小学生のうちから「体力をつけなさい」と言って走り込みをさせたり、「筋力が足りない」と言って重いバットで素振りをさ

せたりする方もおられますが、正直、結果は出にくいだろうと思います。な
ぜなら、それは、首が据わっていない赤ちゃんに寝返りをさせるようなもの
で、子どもの発達に適応したトレーニングではないからです。

　神経系の発達が著しい12歳までの時期をゴールデンエイジと呼びます。
運動 "神経" というように、運動能力の向上には、神経系の優位性が深く関
わっています。幼い頃に神経系をしっかりトレーニングしている子はその後
の伸びも違います。

　専門的なトレーニングではなくても、公園で鉄棒や縄跳びをして遊んだ経
験の多い子、スキーや海水浴などスポーツイベントが多い家庭で育った子な
どは自然に神経系が鍛えられています。そのような子が体育の成績が良かっ
たり、部活動で活躍したりするのはそんな理由からです。

　小さい頃からトレーニングするのは早い！と思うかもしれませんが、ゴー
ルデンエイジこそ、質の高いトレーニングが必要なのです。

ジュニア期のトレーニングは運動だけでなく学習にも効果がある

幼少期に正しいトレーニングをし、運動能力を向上させれば、アスリートに成長する可能性を広げるだけでなく、学力もアップすることが分かっています。

平成30年度に文部科学省が行った「体力・運動能力調査」では、小中学校の全国都道府県学力テストの結果と体力・運動能力を照らし合わせたところ「運動ができる子どもは勉強もできる」傾向にあったことが明らかになっています。

実際に、世界で活躍するアスリートたちにも、学力優秀な人たちが多くいます。

学力と運動能力の相関関係についてはさまざまな理由が考えられますが、これまで多くの子どもたちにトレーニングを指導した経験から、私が考えることは、「集中できる体力がある」ということが挙げられると思います。

体力がない子は、勉強するための集中力が足りません。例えば、長時間椅子に座っていることもつらかったり、学校から帰ってくると疲れて勉強どころではないことがあります。

また、スポーツ強豪校に進学する際に、強豪校のなかには学力も重要視するところが増えており、スポーツができるだけでは望む学校に進学できないのが実状です。

そのため、大好きなスポーツ以外にも勉強をして成績を上げる必要があります。

「うちの子は落ちつきがない」「集中力がない」と嘆く保護者の声を耳にするたびに、それは性格の問題ではなく、体力の問題なのでは、と思います。

　たくさんの量をできるだけ短い時間で集中して学習する。

　そのための体力の有無が学力の差として大きく現れるとしたら、幼少期にトレーニングをして体力をつけておくことはとても重要だと実感するでしょう。

Column

キッズアスリートの食事に大切なポイント

キッズアスリートの健やかな体づくりには、栄養バランスの整った食事が必要不可欠です。まずは右の表を参考にざっくりでもいいので、3〜5食のなかでバランスを取りましょう。

タンパク質	体をつくる	肉、魚、卵、大豆製品など
脂質	エネルギーになる	バター、植物油、肉の脂身など
炭水化物	エネルギーになる	ご飯、パン、めん、いも、砂糖など
ビタミン	体の調子を整える	緑黄色野菜、果物、魚など
ミネラル	骨や歯などをつくる、体の調子を整える	海藻、牛乳、乳製品、小魚、レバーなど

どのくらいの量を食べればいいのかは、年齢や性別、運動量によって異なりますが、場合によっては、ジュニア期でも大人と同等かそれ以上のエネルギーが必要になります。

また、食事は決まった時間に食べるように習慣をつけましょう。1日3〜5食しっかり食べるということは、栄養バランスを整えるだけでなく、規則正しい生活や家族とのコミュニケーションなど、アスリートとして求められる人間的資質を高めることにもなります。

ただし、食べ物によっては消化に時間がかかるものがあります。胃の中に食べ物が残っていると体が重く感じ、消化にエネルギーを使ってしまうので、動きが鈍くなることも。特に脂質を多く含む食材や揚げものなどの油ものは消化に時間がかかりますので、試合前は避けたほうがいい食材です。そのため、試合や練習前は消化が良くエネルギーとして効率良く使われる食材を選ぶのがポイントです。糖質を多く含む主食や果物（おにぎりやバナナなど）がお勧めです。エネルギーゼリーも上手に活用するといいでしょう。

第 **2** 章

【理論編】
体幹・俊敏性・瞬発力・筋力・脳
バランス良く鍛えて能力を伸ばす

幼少期の運動能力を高めるキッズトレーニングでは、筋力や瞬発力、体幹など、すべての能力をバランス良く鍛えることが大切です。

　この考え方は食事にたとえると分かりやすいと思います。
　食事で健康な体をつくろうと考えたら、タンパク質や炭水化物、脂質、ビタミン、ミネラルなど、さまざまな栄養素をバランス良く取るように心掛けます。

　あらゆる栄養素を、毎日の食事のなかに上手に摂り入れることが大切であり、ある栄養素だけを多量に摂取しても健康的な体をつくることはできません。
　これと同じように、トレーニングもバランス良く鍛えることが重要です。

AXISの私が勧めるキッズトレーニングでは、体幹・俊敏性・瞬発力・筋力・脳などの“多面的なアプローチ”によって、体を動かすすべての能力に着目し鍛えることで、子どもたちの能力を最大限に発揮する体づくりができるのです。

　タンパク質や炭水化物、ビタミンといった栄養素と同じく、運動能力も「スタミナ」「パワー」「スピード」「モビリティ」「スタビリティ」などさまざまな要素から成り立っています。それをバランス良く使いこなすことが重要です。どれか一つが優れているだけではトップアスリートにはなれません。

　例えば野球の場合、パワーはあっても、スピードが伴っていなければ、重い球を打ち返す力はあるのに、スイングが遅いためにバットに球を当てられない……というように、どの能力が欠けても本来もつパフォーマンスを思う存分発揮することができません。

キッズトレーニングで鍛えるべき 5つの能力

　私たちが推奨するキッズトレーニングでは、運動能力を構成する5つの要素を鍛えるために、5種目のトレーニングメニューを用意して、レベルに合わせたトレーニングを実施しています。その5種類とは、次のとおりです。

- **体幹** (core)
- **俊敏性** (SAQ)
- **瞬発力** (plyometrics)
- **筋力** (strength)
- **脳** (coordination)

　5種類のトレーニングにはそれぞれ異なる能力を高める目的があり、各トレーニングがバランス良く相互関係を保つことで競技力を高めていきます。

　ただし、子どもの時期に5つの能力のいずれかが劣っているからといって、運動能力が低いと考える必要はありません。

　子どものトレーニングで大切なのは、5つの能力のなかで、どれが得意でどれが不得意なのかを知っておくこと。そうすれば自分の能力に合わせた適切なトレーニング法を見つけやすく、長所発揮・苦手克服することができ、まだまだ大いに伸びる可能性が出てきます。

　次ページのピラミッドは、5つの能力がベースとなって、競技技術をつくり上げていることを表しています。そのなかの一番の土台が、筋力（体の基

礎ストレングス)、その筋力によってコーディネーション、体幹、プライオ
メトリクス、SAQが支えられています。

【5つの能力 part1】
体幹(core)

　体幹とは、言葉どおり「体の幹」、すなわち手足以外の胴体のことで、スポーツをするうえでとても重要な役割を担っています。

　例えば、筋肉を鍛えて、強靭でたくましい腕や脚をつくっても、中心となる胴体がグラグラしては能力を十分に発揮できません。そこで体幹を鍛える重要性が注目され始めたのです。

　また、筋肉の働きでパワーが生み出されますが、それが効率良く伝わり、スムーズな動きとなるためには体の軸である体幹がしっかりしていなければなりません。

　そして、ジュニア期の体幹トレーニングは、しなやかで強靭な体の芯を得ることで怪我防止につながるだけではなく、集中力を高める効果があるともいわれています。

　一方で、体幹を鍛えると聞いて、「インナーマッスル（内側の筋肉）を鍛えること」と考える人も多いと思いますが、インナーやアウターにかかわらず、胴体の姿勢を正しく保つために使う筋肉すべてが体幹に含まれます。

　体幹のうち、4つの筋肉群（横隔膜・腹横筋・多裂筋・骨盤底筋群）が最も姿勢維持に関わり、体のあらゆる動きを支えています。それらは体の深層に位置しているので、「体幹＝インナーマッスル」と説明するトレーナーが多いのです。

　では、体幹を鍛えるためにはどんなトレーニングがふさわしいのでしょうか。

|||||||||||||||||||||||||||||||||||||||||||||||||||||||||||||||||||||||||||||||||||||||||||||||||||

　体幹を鍛える目的は安定した動きの軸をつくることです。単に内側の筋肉を強く大きくすることではありません。

　体幹トレーニングはスタビリティ（安定性）、フレキシビリティ（柔軟性）、モビリティ（可動性）の3つの要素で成り立っており、これらの要素を織り交ぜたトレーニングをすることで体幹を鍛えることができるのです。

●スタビリティ（安定性）

　さまざまな動きのなかでは、静的な安定性もあれば、動的な安定性もあります。ラグビーやレスリングなど接触が多いコンタクトスポーツにおいては、当たり負けしないこと、そして体操やフィギュアスケートなどではジャンプや回転の際にブレないことなど、体の芯を鍛えて動きに安定性をもたせることで競技力が高まります。

　こうした安定性を高めるためのトレーニングは「スタビリティトレーニング」と呼ばれます。

　これにより、体を支える力を高めるだけでなく、前後左右のバランスを調整する能力や体がふらついたときに元の姿勢に戻る反射能力などが養われます。

　また姿勢を安定させるには重心や軸を意識しなければなりませんので、どっしりとした構えから軸をぶらさずに体を動かすコントロール能力を高めることにもつながります。

23

●フレキシビリティ(柔軟性)

スポーツではしなやかさも大切。イチロー選手がメジャーリーグであれだけの活躍をしたのは、しなやかな動きがあってこそ。それらを私たちはフレキシビリティと呼び、トレーニングにも取り入れています。

スポーツでのしなやかな動きは、体幹の中心である背骨の柔軟性から生まれます。主にストレッチなどを行って筋肉をほぐし、柔らかさを引き出していますが、実は筋肉だけでなく、関節や腱、皮膚なども柔軟性に深く関わっています。

筋肉のストレッチだけでなく、関節の動きをスムーズにするようなトレーニングも大切になってきます。

●モビリティ(可動性)

モビリティは、体の筋肉の動きを上手に連動させて、ダイナミックに動かす働きをもっています。スポーツの動作の多くは足で地面をとらえて、その反動を体幹に伝え、手足で力を発揮しています。しかし、可動性が低いと体の中心に力が伝達されないばかりか、伝えられた力を効率良く発揮することができません。

モビリティで大切なのは「関節の動き」です。しかし、筋肉や筋膜、皮膚の動きが硬くなると関節の動きが制限されてしまい、可動域も狭くなってしまいます。

そこで、筋肉や関節を大きく広げるモビリティトレーニングを取り入れて、あらゆる方向に自在に動く体を目指します。

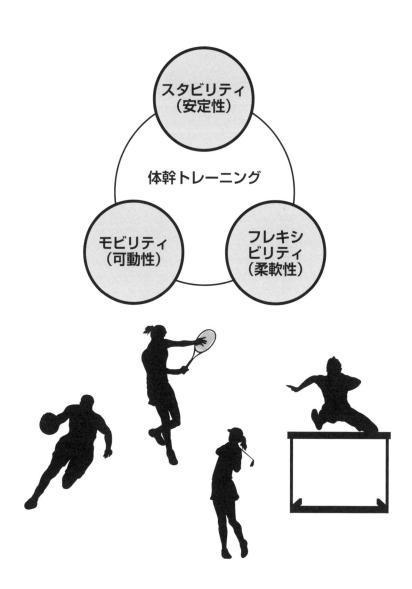

【5つの能力 part2】
俊敏性(SAQ)

どんなスポーツでも「スピード」が求められます。しかし、スピードと一言でいっても、走るスピードや身のこなしのスピード、反応や判断のスピードなど、競技やポジションなどによって、求められる「スピード」は異なります。

SAQとは、1980年代後半に開発されたスピードを鍛える代表的なトレーニングで、「走る」「跳ぶ」「方向転換」など、スポーツの基礎となる「ゼネラルスキル」を高めるために設計されています。ゼネラルスキルが育っていないと、専門的技術を習得しにくく、怪我をしやすいなど、思うような技術向上が望めません。また、一つのスポーツが上手にできてもほかのスポーツは向いていないなど、運動能力に偏りが生じることもあります。

このトレーニングの大きな特徴は、スピードを3要素に分解し、成り立っていることです。

まっすぐに走る速さ（Speed）だけでなく、すばやく体をコントロールする速さ（Agility）、刺激に対してすぐに動きだす速さ（Quickness）など、「速さ」を細分化し、それぞれに応じたトレーニングが盛り込まれています。

●Speed(直線的な速さ)

SAQトレーニングにおけるスピードとは、個人が達成、または維持できる最大の速度のことで、重心移動の速さや移動スピードのことを指します。

サッカーやバスケットボール、そして野球の走塁などで行う直線的な走る動作になります。

●Agility（敏しょう性）

　アジリティは運動時に体をコントロールする能力のことを指します。方向転換をして進む方向を変えたり、ターンをして体の向きを変えたりするときに必要な能力です。

　アジリティを鍛えると、運動によって変化する体をコントロールし、バランスやパワー・スピードを減退させることなく方向転換や急停止ができるようになり、競技中にすばやくかつ正確に動けるようになります。

ゼネラルスキルとは？

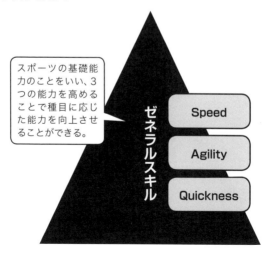

スポーツの基礎能力のことをいい、3つの能力を高めることで種目に応じた能力を向上させることができる。

ゼネラルスキル

Speed

Agility

Quickness

‖‖

●Quickness（反応能力）

　クイックネスは、刺激に反応して瞬間的にすばやく動くためのスキルです。刺激とは目や耳などから入ってくる情報のことで、クイックネスを鍛えると、音による合図や目から得た情報を、すばやく判断し反応する速度が高まります。

　クイックネスは、刺激を認識し動きだすまでのリアクションタイムと動きだしの速さのムーブメントタイムから構成されますので、前方だけではなく横や後ろなど、さまざまな方向へすばやく動きだすトレーニングが必要です。刺激を正しく認識すること、動きだしの動作をいかに効率良く・すばやく行うことができるかがポイントです。

【5つの能力 part3】
瞬発力(plyometrics)

瞬発力（プライオメトリクス）とは、瞬間的に大きな力を発揮するスキルのこと。学校の体力測定で行われる垂直跳びや立ち幅跳びなどは瞬発力を測定する種目で、プライオメトリクスを鍛えることで、いざというときに爆発的パワーを発揮できるようになります。

瞬発力は単に筋力をつければ向上するというものではありません。通常の筋トレは反動を利用しない（伸張反射を利用しない）トレーニングが主ですので、瞬発力は高まりません。プライオメトリクスを鍛えるためには、伸張反射をうまく使って、動作のなかで筋肉や神経の連動をスムーズにするトレーニングを取り入れましょう。

例えば、立ち幅跳びやバレーのアタックなどでジャンプするときに、一瞬しゃがみ込むのは伸張反射を利用した動きです。

こういったゴムのような動きは、筋肉だけで行われているのではありません。筋肉と骨が付着している部分を腱といいますが、筋肉が引き伸ばされると腱も引っ張られます。筋肉が収縮し始めると、引っ張られていた腱もゴムのように元に戻り、パワーを発揮します。

ほかにも、この瞬発力は野球のバッティング、サッカーやバスケットボールで能力を発揮します。

【5つの能力 part4】
筋力(strength)

　私たちのキッズトレーニングでは、筋力を「体の基礎ストレングス」と位置づけています。

　筋トレというと、筋肉を強く大きくするトレーニングをイメージするかもしれませんが、「体の基礎ストレングス」は、筋力・パワー・筋持久力のみならずスピード・バランス・コーディネーションなどの筋機能が関わるすべての体力要素に不可欠な能力です。

　単に力の発揮能力の大きさを表すだけでなく、状況に応じて適切に筋活動をコントロールするための能力も含み、子どもがバランス良く鍛えるべき5種類のトレーニングのなかでも、最も基礎的なトレーニングといえます。

　小さい頃から体の基礎ストレングスを鍛えることで、正しく効率的な体の使い方が身につきます。また体力が向上し、怪我のリスクも大きく減りますのでキッズトレーニングに欠かせない要素となります。

　1996年、全米ストレングス＆コンディショニング協会（NSCA）でも、「青少年のレジスタンストレーニング」と題する公式声明文書と関連文献レビューでストレングストレーニングメリットと注意点を発表しています。

　ここでは、NSCAの見解に基づいて、一部紹介します。

・筋力向上効果

　思春期前のジュニア期でも、正しく計画され、指導されたストレングスト

レーニングを実施すれば、怪我をすることなく、筋力の増大効果が得られると述べています。さらには、怪我予防効果も示されています。

・将来を見据えた運動能力向上

　身長の発育は長骨の骨端軟骨部の成長線で生じます。ストレングストレーニングによって過度な負荷や無理な力が加わるとこの部分がダメージを受け四肢が変形したり、成長が止まったりすることもあります。またジュニア期は腰椎の前弯が形成されますので、この時期に腰背部に過剰なストレスがかかると、腰の痛みなど怪我の原因になりかねません。

　ストレングストレーニングの導入では、過度な負荷に注意し、体格に合ったメニューを選んでその子に必要な力を育てていきましょう。本人の将来を見据えた、全面的な運動能力の向上を目的として、正しく行うことが大切です。

【5つの能力 part5】
脳(coordination)

iiiiiiiiiiiiiiiiiiiiiiiiiiiiiiiiiiiiiiiiiiiiiiiiiiiiiiiiiiiiiiiiiiiiiiiiiiiiiiiiiiiiiiiiiiiiiiiiiiiiiiiiiiiiiiiiiiiiiiiiiiiiiiiiiiiii

　コーディネーションとは、少し聞き慣れない言葉ですので、どんなトレーニングかイメージしにくいかもしれません。コーディネーション能力とは、自分の体を巧みに動かすための脳の働きのこと。パス・キャッチ・ジャンプなどでの空間（距離）を正確に把握する能力や、時間・タイミングなどを瞬時に判断し、道具や体を上手に操作する脳の働きです。運動に欠かせないさまざまな要素の組み合わせをスムーズに調整します。

　コーディネーション能力は34ページの図のようにいくつかの働きに分けられています。スポーツを行っているときはこれらが複雑に組み合わさっていますので、コーディネーション能力はスポーツを行ううえで重要です。

　例えば、野球でバッターが打った球を捕球するシーンを想像してみましょう。

　ホームから響く打撃音を聞き捕球のために打球方向に走りだします（反応・変換）。そしてボールの落下地点に入り（定位）、グローブを巧みに使ってキャッチします（識別・リズム）。もしもこのときに姿勢を崩してしまっても、すばやく崩れた体勢を立て直し（バランス）、体をスムーズに動かして（連結）、然るべき方向へ送球します。

　いかがでしょうか？　打球をキャッチするという一連の動作だけを見ても、いくつもの働きが関わっていることが分かります。運動神経という言葉がありますが、まさにコーディネーション能力のこと。コーディネーション能力を鍛えれば、たとえ体が小さい子どもでも十分に活躍できる可能性が高まります。それでは、それぞれの働きを解説していきます。

定位

　動いているものと自分の位置関係を把握する働きです。

　この働きを鍛えると、決められた場所や動いている相手・ボールなどと関連づけながら動きの変化を調整できるようになります。

　サッカーでの味方へのパスや、野球ですばやく落下地点に入るなど、アクロバティックな技術系や状況対応が求められる球技種目には欠かせません。

変換

　状況の変化に合わせて、すばやく動きを切り替える働きです。

　この働きを鍛えると、プレー中に突然現れた状況の変化や予測される変化に対して、すばやく自分の動きを切り替えられるようになり、ファインプレーにつながります。サッカー、テニス、バスケットボールなどでの攻守の切り替えや、イレギュラーな場面でこそ必要とされます。

連結

　体の関節や筋肉の動きをタイミング良く、無駄なく同調させる働きです。

　この働きを鍛えると、ボールを操作するさまざまな技術を空間的・時間的にダイナミックに連係させることができるようになり、華麗なプレーにつながります。サッカーのドリブルや野球のスイングに欠かせません。

識別

　手や足・頭部の動きと視覚の関係、ボールなどの操作を精密に行う働きです。

この働きを鍛えると、タイミングを合わせてほどよい力加減で綿密な動作ができるようになるため、手足を振り出す位置や角度、スピードなどを瞬時に計算して正確な投球やシュートができるようになります。

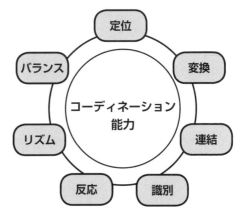

反応

合図をすばやく察知し、適時に適切な速度で正確に反応する働きです。この働きを鍛えると、視覚や聴覚で迅速に判断し、すばやく動きだすことができるようになりますので、スタートダッシュのタイミングを逃さず、機敏な動きで相手をリードすることができるようになります。

リズム

耳や目からの情報を動きによって表現し、イメージを現実化する働きです。この働きを鍛えると、目や耳からの情報（リズム）を正確につかみ、イメージどおりに運動できるようになります。動きを真似ることも上手になりますので、見本の動きから正しいフォームを習得しやすくなります。

バランス

空中や動作中の全身バランスや、崩れた姿勢をすばやく立て直す働きです。この働きを鍛えると、不安定な足場でも体勢を維持できるようになるため、相手の攻撃を巧みにかわしたり、接触プレーでも当たり負けしないフィジカルの強いプレーが期待できます。

　最後にコーディネーションのポイントと留意点を整理しておきます。

★時間は短く、多種多様なトレーニングを

　運動神経を刺激し、脳と動きの連動性や表現力を高めるのがトレーニングの目的です。

　体力よりも、神経を使う多種多様な動作を行い、トレーニング後は体よりも脳の疲労を感じるようなトレーニングが望ましいでしょう。

★脳の働きを組み合わせたメニューを

　例えば、以下のように組み合わせてトレーニング方法を変化させると効果的です。

（例）・反応＋連結→合図で前転をする

　　　・反応＋連結＋識別＋定位→合図で前転し、転がった勢いで立ち上がり、前から転がってきたボールのキャッチを行う。

　これは一つの例にすぎませんが、さまざまな動きでコーディネーション能力は鍛えられますので、実際に自らコーディネーションを鍛える方法を考えてみるのも楽しいと思います。

Column

自宅トレーニングでも用意できる
トレーニング器具

　自宅用のトレーニング器具をそろえるのもいいですが、自宅トレーニングでは、ぜひ子どもたちと一緒にトレーニング器具も工夫してみましょう。

　工夫次第でいろいろな器具が生まれますので、子どもたちの "考えるチカラ" も養えます。

　例えば、このあと紹介するトレーニングにカラーコーンを用いているものがありますが、ペットボトルでも代用可能です。中に少し水を入れれば、安定感が増して、使いやすくなります。

　ジャンプの踏み台がなければ、家の階段が使えるかもしれません。

　反復横跳びに活躍するのが、マスキングテープですが、目印となるものであれば、家にあるもので何でも代用が可能です。

　体幹のトレーニングにはマットを使用していますが、こちらもヨガマットであれば2000円台で購入できます。運動時の滑りを防止して、安定したトレーニングができます。

　トレーニングは「楽しみながら」がポイント。

　ぜひ自分流のトレーニング器具で子どもたちの創造性を高めましょう。

第 **3** 章

【実践編】
トップアスリートを
目指す
レベル別
トレーニングメニュー

42ページ〜123ページの使い方

トップアスリートを目指す子どもたちが実際に行っているトレーニングを大公開します。初級、中級、上級、アスリートと分かれているので、自分の習熟度に合わせて実践してみてください。

トップアスリートも行う筋トレの基本

自重スクワット

初級

足腰を中心に、体全体を鍛えることができる、スクワットの基本フォーム 子どもだけでなく、大人も積極的に取り入れたい

❶ 手を前に出して、立つ

両足を肩幅程度に広げて立つ。腕は、肩の位置で地面と平行に前に出す。

実は腹筋の力も大事

腰をそらせないよう、常に腹筋に力を入れて行いましょう。腹筋を意識すると、体を安定させることができます。

50

どの筋肉を意識するか表しています。

5種類のトレーニングのうち、
どれに当たるか表しています。

ストレングス

セット数、時間数を表しています。

20回

❷ ゆっくりとひざを
曲げ、腰を下ろす

背筋を伸ばして体を
下ろす。ひざが90
度になるくらいまで
下げる。

Point

足を曲げたとき、ひざがつま
先より前に出ないように気を
つけて。

NG

上半身が前に
傾き過ぎない
ように。

51

トレーニングのPoint、
NGポーズを説明しています。

初級編

小学校2・3年生レベル

□ カエルジャンプ

□ 反復横跳び

□ アンクルホップ

□ ニータックジャンプ

□ 自重スクワット

□ フロントロール

□ フロント&オープンロール

カエルジャンプ

初級

腕と足以外の体幹部分を鍛えるトレーニング
倒れないようにバランスを取りながら、全身の動きを意識

❶ 両手とつま先で 体を支えてセット

トレーニングマット
を使って、両手、つ
ま先でしっかり体を
支える。目線は下
に！

❷ ジャンプして 両足を両手の横に

❶の体勢から、とび箱の
ようにジャンプ。両足が
両手を超える勢いで、思
いきり跳びましょう。お
しりが後ろにつかないよ
うに注意。

体全体と バランス感覚を意識

体幹が鍛えられていないと、まっすぐ跳ぶ
ことができません。足・腕のほか、背中や
腹など全身の筋肉を使い、バランスを取る
ことを意識。

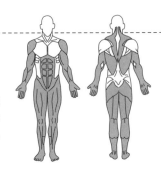

体幹

❸ お手本はカエルの動き！

10回

太ももやおしりをばねのように動かして。股関節の動きも重要です。

Point

❶の状態では、肩〜おしり〜つま先までが、一直線になるイメージで。

NG

❶のとき、おしりが上がるとNG！

43

どれだけすばやく動けるか！
反復横跳び

初級

床に、1メートル間隔で、テープなどで目印をつければ
どこでもできる
真ん中・右・真ん中・左、と連続してジャンプ！

❶ 真ん中の 目印の上でセット

真ん中の目印の上で、
足を肩幅に開き、リ
ラックス！　右から
スタートします。

❷ ジャンプして 右へ

右足で目印を踏み越
えるまでジャンプ。
その後すぐに真ん中
へジャンプして戻り
ます。

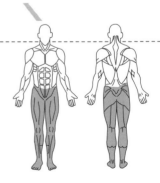

反復横跳びは スピードが命！

「とにかく速く動く」を念頭においてトレー
ニングしましょう。毎回数えながら行い、
徐々にスピードアップし、跳べる回数を増
やして。

❸ **すぐにジャンプして
真ん中へ戻り、左へ**

真ん中へ戻ってきたら、
すぐに左へジャンプす
る体勢を取る。

20
Seconds

❹ **左、そしてすぐ
ジャンプして真ん中へ**

左足で目印をしっか
りと踏み越えて、次
はまた真ん中へジャ
ンプ。これを繰り返
します。

Point

体全体で大きくジャンプしようとするとス
ピードが落ちます。低く跳んで小刻みに、
リズム良く連続で跳びましょう。

ジャンプ力アップの基本！
アンクルホップ

初級

**上半身から、おしり・下腹部などの下半身まで、
全身を使って高く跳ぼう**

① かかとを 浮かせて立つ

まずはリラックスして、両足のかかとを少し浮かせて立ちます。背筋はまっすぐに伸ばして。

背筋を伸ばして まっすぐ跳ぶ

ジャンプ力が鍛えられる、垂直跳び。体幹や足腰、全身の力が備わり、さらに高く跳べます。NBAの選手は垂直跳びで1mぐらい跳ぶ選手も。

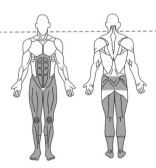

プライオメトリクス

🕐 20 Seconds

❷ 垂直に 連続ジャンプ

❶の状態のまま、思いきりジャンプ。つま先で地面を押すように跳び、つま先で着地。これを連続して行います。

Point

かかとは地面につけずに、足首のばねを使ってジャンプ。ひざは軽く曲げ、リズミカルに。

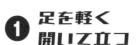

ジャンプと拍手で俊敏な動きを鍛える！

ニータックジャンプ

初級

ジャンプしている間に、ひざの後ろで拍手
できるだけ高く跳ぶこと、ひざを胸まで高く上げることが成功のカギ

❶ 足を軽く 開いて立つ

まずはジャンプする
ためにまっすぐ立ち
ます。

❷ ジャンプ& 拍手

高くジャンプして、
ひざの後ろで拍手。

リズム感も大事！

ジャンプした瞬間ではなく、いちばん高い
ジャンプポイントに到達した瞬間に拍手し
よう。タイミングを見計らって。

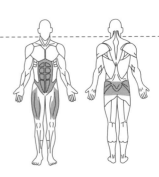

プライオメトリクス

10回

**❸拍手している
瞬間の様子**

ジャンプ中に、写真のポー
ズになるようにしよう。

Point

・跳んだ瞬間、体勢を少し前かがみにすると、
　拍手がしやすくなります。
・ジャンプするために、腕を大きく振ります。

トップアスリートも行う筋トレの基本
自重スクワット

足腰を中心に、体全体を鍛えることができる、
スクワットの基本フォーム　子どもだけでなく、
大人も積極的に取り入れたい

① 手を前に出して、立つ

両足を肩幅程度に広げて立つ。腕は、肩の位置で地面と平行に前に出す。

実は腹筋の力も大事

腰をそらせないよう、常に腹筋に力を入れて行いましょう。腹筋を意識すると、体を安定させることができます。

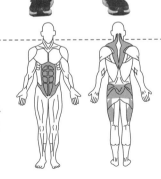

20回

② ゆっくりとひざを 曲げ、体を下ろす

背筋を伸ばして体を
下ろす。ひざが90
度になるくらいまで
下げる。

Point

足を曲げたとき、ひざがつま
先より前に出ないように気を
つけて。

NG

上半身が前に
傾き過ぎない
ように。

フロントロール

初級

筋肉や関節などがどのように動いているかを
脳で認識するためのトレーニング
体全体の感覚を意識して

❶ ひざを立てて座る

マットを使ったトレーニングです。マットの上で、ひざを立てて座ります。

❷ 足を曲げずに頭の後ろへ伸ばす

つま先で半円を描くイメージで、足を頭の後ろへ。つま先を地面に垂直につけます。

自分の体の動きをよく観察する

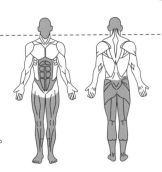

自分の体がどこにあるか、足がどのように円を描いているかを意識しながら動かします。観察するように、集中して行いましょう。

コーディネーション

❸ 足を戻して、
指でつま先をタッチ

起き上がってつま先
にタッチする。まっ
すぐ起き上がること
を意識して。

5回

Point

❷の動作のとき、まっすぐ後ろに足
を倒すことが重要。❸で足を前に戻
すときも同様です。

53

フロント&オープンロール

初級

part1と同様、筋肉や関節などがどのように動いているかを
脳で認識するためのトレーニング

❶ ひざを立てて 座る

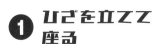

マットを使ったトレーニングです。マットの上で、ひざを立てて座ります。

❷ 足を曲げずに 頭の後ろへ伸ばす

つま先で半円を描くイメージで、足を頭のうしろへ。つま先を地面に垂直につけます。

part1との 違いに注目

part1と同様、体を強く意識して行います。最後の動きが開脚になったことで、変化した体の動きを感じましょう。

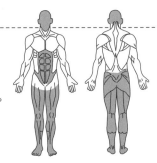

10回

❸ 足を戻して、開脚

つま先で半円を描くように足を戻す。上体を起こして開脚し、前屈。これを繰り返します。

Point

part1と同様。❷の動作のとき、まっすぐ後ろに足を倒すことが重要。❸で足を前に戻すときも同様です。

中級編

小学校4・5年生レベル

- [ ] **四つん這い走り** ―前後―
- [ ] **四つん這い走り** ―ドリル―
- [ ] **サークルドリル**
- [ ] **サークルドリル** ―クロス―
- [ ] **ハードルジャンプ** ―前後―
- [ ] **ハードルジャンプ** ―左右―
- [ ] **スプリットスクワット**
- [ ] **マーカー識別ドリル**

全身を使って走る part1
四つん這い走り —前後—

中級
🔥🔥

両手・両足を使って往復するトレーニング
後ろ向きのまま進むときは、つまずかないように気をつけて

❶ 四つん這い状態でスタート

カラーコーンを使用します。3メートルの幅でカラーコーンを2つセット。四つん這いになり、スタート位置につく。

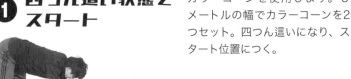

❷ 真ん中めがけてダッシュ！

真ん中の地点まで四つん這いで走る。目線は下にしたほうが苦しくない。

体幹にも意識を向けて

腕・足だけでなく全身を意識しながら行います。体幹が鍛えられてくると、イメージどおりに後進できるようになります。

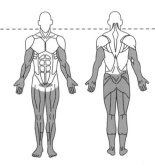

往復
×2

③ ゴール地点まで進む

ゴール地点についたら、向きを変えずに後ろに進む準備を。

④ 後ろ向きで戻る

スタート地点まで、腕を曲げないで後退する。

Point

腕を曲げないように。ひざは地面につけず、浮かせた状態で行います。

全身を使って走る part2
四つん這い走り —ドリル—

中級 🔥🔥

part1と同様、カラーコーンを使った
四つん這いトレーニング
同じく、後ろに進む動作があるのでつまずきに注意

1 四つん這いに
なってセット

カラーコーンを5つ置きます。ス
タート地点につきます。

2 ジグザグにダッシュ！

カラーコーンの間
をジグザグにぬう
ように走る。

全身を意識しながら
行う

ターンの動作が加わっているので、より腹
筋や腰、股関節などに意識を向けて。

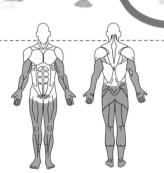

60

体幹

往復
×2

**❸ ゴール地点まで
進む**

ゴール地点についたら、向き
を変えずに後ろに進む準備を。

**❹ 後ろ向きで
ジグザグに戻る**

腕を曲げずに、バック。カラー
コーンの間をジグザグにターン
しながら戻る。

Point

腕を曲げないように注意。ひざは地面につ
けず、浮かせた状態をキープ。

サークルドリル

中級 🔥🔥

サークル状の小物を使って行うトレーニング
すばやくサークルから足を出し入れしてステップを踏み、
スピードやバランス感覚を養う

❶ サークルの中に立ちます

サークル状のものを準備。ない場合は長めのリボンやヒモで円をつくろう。その中に両足を入れて立ちます。

小刻みに足を動かすことに集中！

「着地して足を地面から離す」という動作を、交互に俊敏に行うことを意識します。足の動きに集中！

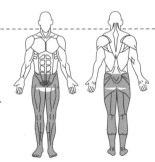

10 セット

❷ 右足をサークルから 外に出す

すばやく右足をサークルの外に出します。右足が着地したら、重心を右足から左足に移します。

❸ 右足をサークルの 中に戻す

左足を着地させ、右足をサークルの中に戻す。次は、左足をサークルの外に出し、同様の動作を行います。これを繰り返します。

Point

反復横跳びよりも細かな足の動きが必要です。一つひとつの動作がゆっくりにならないように注意しましょう。

63

俊敏に足を動かす！ part2
サークルドリル ―クロス―

中級

part1と同様、サークル状の小物を使って行う
サークルの外の前後左右（グー・チョキ・パー）に足を動かして、
テンポ良く！

❶ スタート位置

サークル状のものを準備
します。その中に両足を
入れます。

❷ 軽くジャンプして 足を前後に

両足をサークルの外、前後
に出します。パッとジャン
プして軽快に。

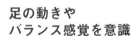

足の動きや バランス感覚を意識

両足を機敏に前後左右に出すことに集中し
ます。体をイメージどおりにコントロール
する能力を鍛えるつもりで！

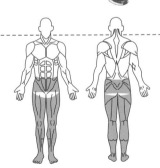

64

10
セット

❸ 次は足を左右に

いったんサークルの中に
両足を戻したら、すばや
くジャンプして両足を
サークルの外側、左右に
出します。

❹ サークルの中で
両足をそろえる

サークルの中で足をそろ
え、❶の体勢に戻る。ま
たサークルの外側の前後
左右と、繰り返します。

Point

part1と同様、スピーディーに行います。

下半身全体を使って大きく跳ぶ part1
ハードルジャンプ —前後—

ミニハードルなど高さのあるものを用意して行うトレーニング
両足をそろえて前後に跳び越える

① スタート位置に つきます

ミニハードルなどを前に
置き、立ちます。

② 両足 そろえて 前に跳ぶ

両足をそろえて跳び、
ミニハードルを跳び越
えます。

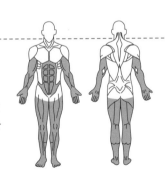

足以外も力を 入れることがコツ

足だけに力を入れず、腕など全身を使って
跳びます。腹筋に力を入れておくと空中で
バランスを崩さずに跳べます。

プライオメトリクス

往復
×10

❸ 着地して 後ろにジャンプ

着地したら、次は後ろ向きに
ジャンプ。ミニハードルを跳び
越えます。前後に跳ぶことを、
交互に繰り返します。

Point

両足がバラバラにならないように。足・ひざ・
股関節をくっつけた状態をキープ！

下半身全体を使って大きく跳ぶ part2
ハードルジャンプ —左右—

中級

part1と同様、ミニハードルなど
高さのあるものを用意して行う
両足をそろえて左右にジャンプ！

❶ スタート位置

ミニハードルなど高さの
あるものを横に置き、立
ちます。

❷ 両足を そろえて ジャンプ

両足をそろえて跳び、
ミニハードルを跳び越
えます。

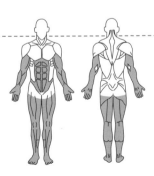

足のパワーに 頼り過ぎない

part1と同様、ジャンプするときは、足の
力だけにならないことが重要です。腕の力
や腹筋など上半身も意識して。

プライオメトリクス

往復
×10

③ 着地して反対側へジャンプ

着地したらすぐに、反対側へ
ジャンプ。左右交互に跳び越え、
繰り返します。

Point

part1と同様、両足の動きがバラバラになら
ないように注意しましょう。

69

ゆっくり下に上半身を落とす
スプリットスクワット

中級

両足を前後に開き、下半身に集中して行うスクワット

❶ スタート位置

足を前後に開いて立ちます。

❷ ゆっくり上半身を落とす

視線はそのまま前方。足の力を使って、ゆっくり体を落としていく。

足の筋肉の動きを感じて

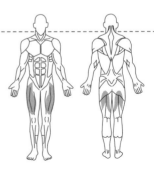

下半身の筋肉の動きに注目です。特に、太ももを構成する大腿四頭筋やハムストリングスを鍛えます。

70

ストレングス

10
セット

③ **体を
ゆっくり上げる**

ゆっくり体を上げて、元の姿勢
に戻す。左右を交互に入れ替え
ながら繰り返します。

Point

上半身をまっすぐ落とす
イメージで。

NG

前のめりにな
らないように。

相手の指定した色にすばやく反応する！
マーカー識別ドリル

中級

サポート役の人と二人一組になって行うトレーニング
指示されたカラーコーンと同じ色のコーンにタッチ

❶ プレイヤーと サポート役は、 スタート準備

カラーコーンを4つセットする。プレイヤーは4つのコーンの真ん中に立つ。サポート役は、同じ色のコーンを手元に置いてプレイヤーと向き合います。

❷ サポート役は 色を選ぶ

サポート役の人は、4つのカラーコーンのうち1つを選びます。

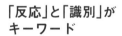

「反応」と「識別」が キーワード

人の動きや色といった情報を認識（反応）して、次の動作に移す（識別）スピードが重要です。

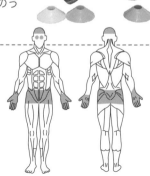

コーディネーション

**❸ プレイヤーは
瞬時にコーンを
タッチ**

サポート役の人が選んだコーン
の色と同じ色を、プレイヤーが
タッチします。

4回
×5

**❹ プレイヤーは
中央に戻り、
次の色をタッチ**

プレイヤーは元の中央位置に戻
る。サポート役は次の色を指示。
プレイヤーは次の色をタッチ。
これを繰り返します。

Point

スピード感をもって、ゲーム感覚で楽しみな
がらトレーニング！

上級編

小学校6年生・
中学校1年生レベル

- [ ] フロントプランク
- [ ] サイドプランク
- [ ] ヒップリフト・レッグレイズ
- [ ] ブリッジレッグレイズ
- [ ] プッシュアップ・アームレイズ
- [ ] ヨメートルドリル 一前後一
- [ ] ヨメートルドリル 一左右一
- [ ] Tドリル
- [ ] リアクション・タッチ
- [ ] ボックスジャンプ
- [ ] プッシュアップジャンプ
- [ ] プッシュアップ
- [ ] メディスンボールキャッチボール 一両足一
- [ ] メディスンボールキャッチボール 一片足一
- [ ] ハンドジャグリング

全身に力を入れて腕立てポーズをキープ
フロントプランク

体幹トレーニングの一つであるプランクの、基本ポーズ
ひじを曲げて腕立てのポーズをキープするトレーニング

❶ 腕立てのポーズを キープ

ひじを肩幅に広げ、曲げて床につけ
ます。腕立ての状態をキープします。

腹筋、背中、 おしりがポイント

腹筋を中心に、背中、おしりなどの筋肉を
鍛えるポーズです。上半身、下半身両方に
力を入れて。

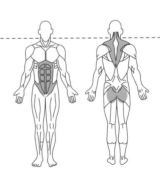

🕐 **30 Seconds**

Point

・頭からかかとまで一直線に。
・体の中心を支えるイメージ
　で。

NG

・おしりが上がったり、背中
　がそらないように。
・体が前後左右に揺れてはダ
　メ！

全身でバランスを取りながら片ひじで支える
サイドプランク

横向きで、体の中心を支えるプランク
片ひじを曲げて床につけ、足をまっすぐ伸ばしたままバランスを取る

❶ 片ひじで 体を支えてキープ

片方のひじを曲げてマットにつけ、
もう片方の手は腰に。両足をまっす
ぐ伸ばし、上半身、下半身がまっす
ぐになるように支えます。

体を支える2点を 意識しつつ、全身運動！

ひじは肩の真下に、下半身は片足の側面で
支えるようにします。上半身、下半身両方
に力を入れてまっすぐ体を支えましょう。

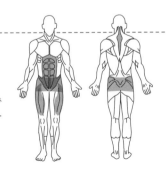

30 Seconds

上から見た
体のライン

Point

体のラインが曲がらないように。視線は
まっすぐ前を向き、体が前後左右にぶれな
いようにぐっとこらえて。

寝そべった体勢で両足を交互に高く上げる!
ヒップリフト・レッグレイズ

上級

両足を交互に上げるが、体幹が鍛えられていると
バランス良く高く上げることができる

❶ あおむけになり、腰を上げる

マットの上にあおむけの状態からスタート。腰を上げ、足首を床と直角になるようにマットにつけます。

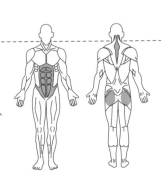

下腹部と大殿筋のほか、上半身にも意識を向けて

下腹部と大殿筋などが鍛えられます。また、上半身と下半身をつなぐ腸腰筋も使われているので、上半身も意識するとさらに◎。

体幹

❷ 片足を上げる

片足を上げ、そのままキープ！

片足
20秒間
×2

❸ 反対の足を上げる

次に、反対の足を上げ、同じようにそのままキープ。これを交互に繰り返します。

Point

・体幹が鍛えられていないと、体が左右どちらかに揺れてしまいます。
・胸を張った状態で行いましょう。

81

ブリッジ
レッグレイズ

上級

マット運動の基本ポーズであるブリッジに、
トレーニング要素をプラス！ 左右の足を交互に上げ、体幹を鍛える

❶ スタート位置

マットの上にあおむけになり、ブリッジ
の姿勢を取ります。足首はマットに対し
て直角、頭は上げずに床につけて。

腕や足よりも、
上半身と股関節！

両腕、両足に力を入れるというよりも、上
半身と股関節（体幹）に意識を集中させて
取り組みましょう。

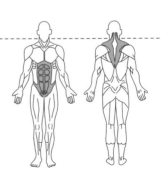

体幹

❷ 片足を上げる

片足を上げた状態で
ポーズをキープ。

片足
20秒間
×2

❸ 反対の 足を上げる

反対の足を上げ、同じように
キープ。

Point

ヒップリフト・レッグレイズと同様、体幹
が鍛えられていないと、体が左右どちらか
に揺れてしまいます。

スピーディーに体を伸縮させる！

プッシュアップ・アームレイズ

上級

腕立ての体勢から、片手片足を同時に前に出すトレーニング
バランスを崩さないように、瞬発的に！

❶ 腕をまっすぐにして腕立て

マットの上で腕立ての
ポーズを取ります。腕
はまっすぐに伸ばして。

❷ 右足・右手を一気に前へ

❶の体勢から、一気に右足
を右手があった位置へ出し、
そのままキープ。右手は
まっすぐ前
に突き出
します。

バランスを崩さずに動くことが大事

足は手があった位置に、手はしっかり前に。
瞬時に手足を移動させるとき、倒れないよ
うバランスを取りましょう。

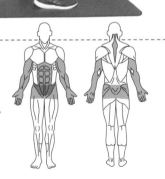

体幹

**❸ 一気に
元の体勢に戻る**

❷の体勢から一気に最
初のポーズに戻します。

20秒間
×2

**❹ 左側も同様に
行います**

左足・左手を前に出し、元
の体勢に戻す。これを繰り
返します。

Point

体幹が鍛えられていないと、体が左右どち
らかに揺れてしまいます。

3メートルドリル
―前後―

上級

カラーコーンの間を往復するトレーニングで、
戻るときは後ろ向きに進む

① スタート位置から走る

２つのカラーコーンをセット
します。スタート位置につき、
片方のカラーコーンへ向かっ
てダッシュ！

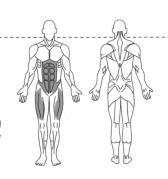

ターンするときの体の動きを要研究！

このトレーニングはターンが肝。「重心を
低くしてスピードを減速→停止しつつ移動
（ターン）→バックで加速」の技術を上げ
るつもりで。

SAQ

❷ コーンをターンし、後ろ向きのまま戻る

機敏にコーンをターン。向きを
変えずに、後ろ向きに走ります。

往復
×10

Point

ターンのスピードを落とさないように。細
かく軽いフットワークを目指そう。

スピーディーに左右に動く！

3メートルドリル
―左右―

上級

3メートルドリル ―前後―と同様、カラーコーンを2つ使う
体を横向きにして、ダッシュするトレーニング

❶ 忍者のように走る

2つのカラーコーンをセット。スタート位置から、片方のカラーコーンまでダッシュ！ 顔は進行方向に向け、胸は進行方向に対して平行に開くよう意識します。

足のもつれに注意！

細かく速い動きが求められます。足元がもつれないよう、注意して行います。

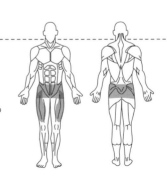

❷ カラーコーンを ターン

カラーコーンを俊敏にターン、
正面の向きは変えずに、忍者走
りでスタート位置へ戻ります。
これを繰り返します。

Point

・ターンのスピードが重要です。細かく軽
　いフットワークを目指そう。
・常に前を向いた状態で行いましょう。

カラーコーンの間を俊敏に移動
Tドリル

上級
🔥🔥

カラーコーンの間を無駄な動きなくすばやく動く!

❶ スタート位置に立つ

カラーコーンを1.5メートル幅でTの字にセット。写真のスタート位置に立ちます。

❷ 正面・中央へダッシュ

スタート位置から正面・中央にあるカラーコーンにダッシュ。

低い姿勢を保ち、全身で動く

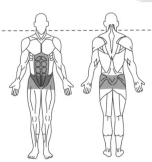

全身で動くこと。そのためには、軽く低い姿勢を保ち、パワーポジションをキープ!

往復
×5

❸ 右へダッシュ

中央から右のカラーコーンに
ダッシュ。

❹ 左へ、その後
中央・スタート位置へ

中央に戻り、左にダッシュ。
また中央に戻り、スタート位
置へ。これを繰り返します。

Point

・体全体を使ってスピードを落とさないよ
うに。
・腕を振って思いきり動こう。

リアクション・タッチ

上級

プレイヤーとサポーター、二人一組で行うトレーニング
サポーターが指示した体のパーツをサークルの中へ

① スタート位置につく

カラーコーンとサークルをセット。カラーコーンの前に、うつ伏せ、またはあおむけでスタート位置につきます。

うつ伏せ

あおむけ

知覚に反応する瞬発力を培う気持ちで

脳で認識したことに対して、即座に行動に移す瞬発力を鍛えるトレーニングです。何のためにしているのかという目的意識をもって取り組んで。

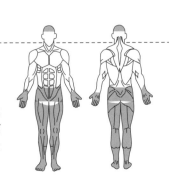

❷ 指示が出たら ダッシュ

サポーターが「足」などの指示を出したら、
サークルに向かってダッシュ。

❸ サークルに 体を入れる

サポーターが指示した体の
パーツを、サークルに入れ
ます。またスタート位置に
ダッシュで戻り、これを繰
り返します。サポーターは
「足」「手」などリズミカル
に指示しましょう。

Point

・このトレーニングもスピードが命。頭はサポーターに集中しつ
  つ、体は反射的にどんどん動かして。
・腕を振って思いきり動こう。

両脚そろえてジャンプ
ボックスジャンプ

上級

ボックスの代わりに階段や
駐車場の車止めなどで行うこともできる
両足で上に跳び乗るだけ！

① スタート位置に立つ

ボックスなど高さのあるも
のを前にして立ちます。高
ければ高いほど◎。

下半身の筋肉や背中、足の動きに注目

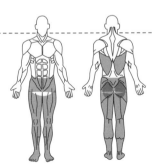

下半身と背中の筋肉を使います。また足首
から股関節にかけて連動した動作を必要と
します。筋肉の伸び縮み、体の連動性を
チェック。

10
セット

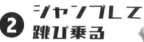

❷ ジャンプして 跳び乗る

ボックスの上にジャンプ！
また床に下りてジャンプを
繰り返します。

Point

・かかとまでしっかりとボック
　スに跳び乗りましょう。
・体幹も意識して。

NG

ボックスにつ
ま先だけで乗
るのはNG！

腕立てポーズから一気に腕を開く
プッシュアップ ジャンプ

上級

ひじを折り曲げ、マットの上で腕立てをした状態でスタート
そこから「せーの！」で両腕をマットの外に

① 腕立ての ポーズで スタンバイ

マットの上で行います。
ひじを折り曲げて、腕立
てのポーズでセット。

力を入れるのは背中

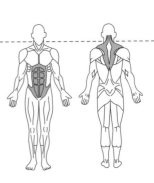

ポーズを成功させるには、背中に力を入れ
ることがポイントです。

96

10
セット

② 瞬時に手を
マットの外に

瞬時に両腕を伸ばし、マットの外に手をつきます。この時間はできるだけ短く！瞬時に❶の体勢へ。

③ ❶❷を
繰り返す

最初の腕立てポーズに戻り、繰り返し行います。

Point

両手の動きがバラバラにならないように注意しましょう。

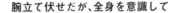

プッシュアップ

王道だけど実は力がいる腕立て伏せ

上級

腕立て伏せだが、全身を意識して

① マットの上で 腕立て伏せのポーズを

マットを敷いて腕立て伏せの
ポーズでセット。難しい人は足
を折り曲げ、ひざが床についた
状態でスタート。

背中とおしりにも
力を入れて

腕の力だけに意識が向きがちですが、背中
とおしりにも意識を集中させて行いましょ
う。

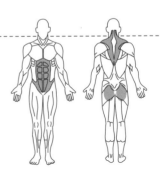

98

ストレングス

❷ 腕を曲げて伏せる

ゆっくりと腕を曲げ、体を落とします。

10
セット

❸ 腕を伸ばす

腕を伸ばし、元の❶の姿勢に戻ります。

Point

頭からかかとまではまっすぐ！

NG

腕を伸ばした状態のとき、おしりが上がっていたり、下がっているとNG！

大きく振りかぶってボールを遠くに投げる part1
メディスンボール
キャッチボール —両足—

上級

肩幅に両足を広げて立ち、上体を大きく振り、
横方向へボールを投げる

① 足を肩幅に 広げて立つ

両足を肩幅の広さに広げ
て立ちます。

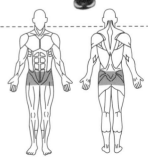

腰を動かす意識をもつ

上半身の動きに注目しがちですが、腰を動
かすことを意識して行いましょう。

10
セット

❷ ボールを 投げる

腰を軸にして上体を
大きく振り、体の横
に向かってボールを
投げます。

Point

腕の力だけで投げるのではなく、体全体の
動作をスムーズに！

101

大きく振りかぶってボールを遠くに投げる part2
メディスンボール
キャッチボール —片足—

上級

片足立ちの状態で、上体を大きく振り、
横方向へボールを投げる

① ボールを持ち片足で立つ

ボールを投げる軸は腰！

片足でバランスを取りながら、part1と同
様に、腰を軸にしてボールを投げることを
意識しましょう。

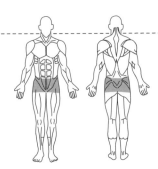

10
セット

❷ ボールを 投げる

腰を軸にして上体を
大きく振り、体の横
に向かってボールを
投げます。

Point

part1と同様、腕の力だけで投げないよう
にしましょう。

ハンドジャグリング

上級

テニスボールサイズのボールを2つ使ったトレーニング
ボールを片手で交互に上に投げ、キャッチする動作を繰り返す

① ボールを持つ

片手に2つボールを
持ちます。

ボールを投げるときは、まっすぐ高く

ボールをまっすぐ高く上に投げることが成
功のカギ。投げてキャッチする、をリズム
良く維持します。

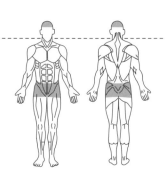

コーディネーション

❷ ボールを 上に投げる

ボールの1つを上に高く投げます。

❸ ボールを ジャグリング する

投げたボールが空中にあるうちに、もう1つのボールを投げます。先に投げたボールをキャッチし投げる、を繰り返します。

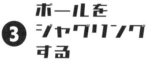

Point

ボールを上に投げたとき、横に逸れないように気をつけましょう。

アスリート編

中学2年生レベル

平泳ぎポーズ
フロントプランク
ムーブメント —左右—

アスリート

ひじを曲げた腕立てポーズから足を体の外側へ

❶ 腕立ての体勢で、右足を上半身のほうへ引き上げる

両ひじを曲げて、マットの上で腕立てのポーズを取ります。右足のひざを外側に曲げ、上半身のほうへ引き上げます。

上半身の筋肉、体幹などを鍛える

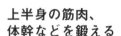

腹筋群や上半身と下半身をつなぐ腸腰筋を鍛えます。股関節を柔らかくして体幹力アップを目指して。

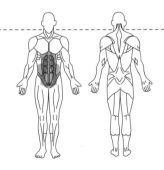

10
セット

❷ 左足も 同様に行う

右足を戻します。左足
も同じように、ひざを
外側に曲げ、上半身の
ほうへ引き上げます。

Point

体のラインが曲がらないよう注意。上から
見たときに体のラインがまっすぐになるよ
うに。

ひじを曲げた腕立てポーズから足を体の内側へ

フロントプランク
ムーブメント —前後—

アスリート

ひじを曲げた腕立てポーズから足を体の内側へ

① 腕立ての体勢で、右足を胸に引き寄せる

両ひじを曲げて、マットの上で腕立ての
ポーズを取ります。右足を体の内側に曲げ、
胸まで引き上げます。

**上半身の力を
引き出す！**

上半身全体に力を入れ、足が体の内側に
すっぽりと収まるようにしましょう。

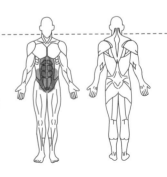

110

10
セット

❷ 左足も 同様に行う

右足を戻します。左足も同じ
ように、ひざを胸に引き上げ、
体の内側へ入れ込みます。

Point

体がぐらぐらと揺れないよう、ぎゅっと力
を入れて行いましょう。

111

カラーコーン上のボールを動かせ
マーカーボール
入れ替えドリル

ボールのないところにスピーディーにボールを移動させる

① スタート準備

カラーコーンをランダムに7つセットします。7つのカラーコーンのうち、2つの上にボールを置きます。

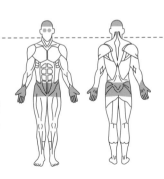

「知覚」と「運動」が
キーワード

知覚と手足の運動を連携させて調整する能力を養います。体と頭の感覚を意識してみましょう。

❷ ボールを移動させる

ボールが置かれていないカラーコーンに、ボールを移動させます。

20 Seconds

❸ 連続でボールを移動させ続ける

連続ですばやく、空いているカラーコーンにボールを移動させていきます。

Point

シンプルなトレーニングであるだけに、すばやく体を動かすことがより重要です。

できる限り遠くへジャンプ
デプスフロント ジャンプ

ボックスの上からジャンプして、
着地と同時に大きく連続ジャンプ！

1 ボックスなど高さのある
ものの上に乗り、ジャン
プして着地します。

「全身で遠く跳ぶ」を意識

ひざなど足の力だけに頼り過ぎず、腕など
の全身を使って「遠くへ跳ぶ」イメージで
トライして。

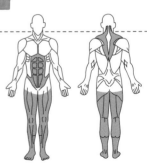

プライオメトリクス

2 着地した瞬間に上半身を
大きく振りかぶり、前方
へジャンプ！

10
セット

Point

下半身だけで跳ばない。特に、着地すると
きにひざを曲げ過ぎたりすると、負荷がか
かってしまうので注意。

シングルレッグ
スクワット

アスリート

椅子に片足を乗せ、両手を前に
そのまま上半身を前に倒しながら体を落とす

❶ スタート位置

椅子に対して背を向けて、
片足の甲を椅子につけます。
両手は前に出す。

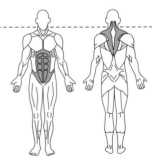

背中に意識を向ける

上半身を前に出すことで、背筋も強化！
背中は曲げないように意識しましょう。

116

ストレングス

❷ 上半身を前に、 体を下に

上半身を前に倒しながら、 体全体を低く落とします。

10
セット

❸ ❶に戻る

元の姿勢に戻ります。

Point

上半身をぐっと前に倒すこと！　腹筋に力 を入れてバランスを保ちながら行って。

イメージどおりに投げられるかな？
メディスンボール
スロー —sit—

アスリート

座った姿勢でイメージどおりの方向へボールを投げる

① スタート位置 につく

ボールを持ち、マットの上に体育座りして、両足を肩幅くらいに広げます。

上半身と体幹に 力を入れて

上半身、体幹を意識し、まっすぐ遠くにボールを投げましょう。

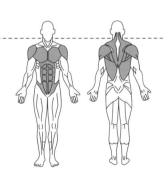

118

コーディネーション

②ボールを胸の前で持つ

ボールを胸の高さに持ってきます。

10
セット

③正面のサポート役に投げる

正面にいるサポート役の人に向けて、まっすぐ投げます。

Point

腕の力だけに頼らないこと！

ローリングしながらイメージどおりに投げられるかな？
メディスンボール
スロー —roll—

後転した姿勢から起き上がり、まっすぐ遠くへボールを投げる

① スタート位置につく

ボールを持ち、マットの上に体育座りして、両足を肩幅くらいに広げます。

イメージどおりに体を動かす

起き上がる最中に、自分の体がイメージどおりに動いているかどうかをチェック！

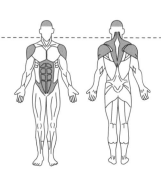

コーディネーション

❷ ボールを 持ち、後転

ボールを持ったまま、後ろにまっすぐ転がります。

10 セット

❸ 開脚しながら 起き上がり、 ボールを投げる

足を広げながら起き上がり、その反動でボールを正面にいるサポート役の人に向けてまっすぐ投げます。力を入れるタイミングが重要。

Point

・後転するときや、開脚しながら起き上がるときに、横にずれないように気をつけましょう。
・投げるタイミングもポイントです。

アーム&レッグス・ストラグルジャンプ

アスリート

片足を反対側の手で持ち、
その間にできた輪に反対側の足をくぐらせジャンプ！

❶ 右足のつま先を持って片足立ち

右足のつま先を、左足の前で、左手で持って立ちます。

ジャンプする足のイメージングが大事

イメージどおりに足を動かせるかが大きなポイントです。

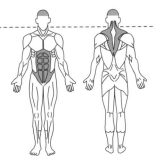

コーディネーション

❷ ジャンプして 左足を前へ

左足を、右足と左手の間にできた輪の中へ、くぐらせるようにジャンプ！ 右足が左足の後ろになります。❶に戻り、繰り返し行います。

Point

足が引っかからないよう、体全体を使ってジャンプしましょう。

123

おわりに

　いかがでしたでしょうか？

　キッズトレーニングについての重要性や自宅でもできるトレーニングメニューについてご紹介してきましたが、トップアスリートを目指す子どもたちにとって参考になっていれば幸いです。

　近年、スポーツを本格的にスタートさせる子どもたちが低年齢化していることからキッズトレーニングが注目され始めていますが、それらのトレーニングはすべて「幼少期の遊び」が基本になっています。遊びの要素が多く含まれており、楽しみながら体を動かすことで、スポーツの土台となる体づくりをしているのです。

　ジャングルジムにぶら下がったり、腕と足を上手に使って登り棒を登ったり、ぶらんこに揺られながらバランスを取ったり、鬼ごっこやかけっこで走り回ったり……。

　かつての子どもたちは友達と笑い合いながら運動能力の基礎を培ってきました。

　ところが近年では、夏の猛暑による熱中症の心配や不審者に対する警戒などが課題となり、公園で子どもたちが元気に遊ぶ姿を見ることが少なくなりました。また女性の社会進出により、お母さんたちもなかなか子どもと一緒に公園に出掛けられる機会が得られないのでしょう。

　体を動かす機会が減ったことで、これまで生活のなかで自然に育ってきた運動能力を、幼少期に獲得することが難しくなっています。

　基礎の大切さは、運動に限ったことではありません。何事も基礎能力が備

わっていなければ、うまく技術を習得できないものです。

　しかし、外遊びの機会が減ってしまっても、子どもたちにスポーツの楽しみはぜひ味わってもらいたいと思っています。

　スポーツには喜びも悔しさも、達成感も挫折も、努力も苦労もあります。まだまだいい表せないほどの感動と成長があります。

　スポーツで結果を出すことが目的なのではなく、一歩一歩進むことの大切さや仲間とのふれあい、新しいステージへの挑戦など、日常生活では味わえないことをたくさん経験してほしいと思います。

　子どものトレーニングで大切なのは、「楽しく続けること」です。

　私がお伝えしたトレーニングは自宅で気軽に続けられるものばかりです。子どもだけでなく、お父さんやお母さんと一緒に楽しめるプログラムもたくさんあります。

　「頑張って」と子ども任せにするのではなく、「一緒にやろう！」と時に笑い、時に励まし合いながら、親子でトレーニングを楽しんでいただければ、子どもたちはもっともっと伸びると思います。

もっとトレーニングを身近に

　実は本書で紹介したトレーニングはAXISで教えているなかのほんの一部に過ぎません。

もしほかのトレーニングや、さらに難易度の高いトレーニングをやってみたいという子どもがいれば、ぜひ私たちが配信している動画サービスを活用してみてください。

　365日、毎日１時間のトレーニング動画には、５種類のトレーニングがバランス良く構成されており、動画を見ながらトレーニングをして、自己チェックすることで着実にレベルアップする仕組みになっています。

　実際に私たちのジムに通うたくさんのキッズアスリートがこの動画を使って、自宅でトレーニングを行い、トップアスリートを目指しています。

　この動画配信サービスのきっかけとなったのは新型コロナウイルスです。ウイルスの感染拡大によって試合や練習が思うようにできない時期。

　多くのキッズアスリートたちは何をしたらいいか分からず困っていました。私は新型コロナウイルスが流行する前から、より多くの子どもたちに正しいトレーニングを伝えたいと思い、おぼろげながら、動画配信サービスを考えていました。

　少しずつ準備をスタートさせた頃、日本でも感染者が確認され、全国で公立小中学校の休校要請があり、やがて緊急事態宣言が発出されました。

　予定されていた試合は中止。

　チームで集まることも不可能になり、子どもたちは練習ができなくなりました。

　そんなとき、彼らを支えたのが、AXISのトレーニング動画でした。

　家でもできる。指導者がいなくても大丈夫。

いつでもどこでもトレーニングができる手軽さでありながら、本格的なトレーニングができるため、これまでスポーツに打ち込んできた子どもたちには本当に喜ばれました。

　時代の変化とともに、スポーツをする子どもたちの姿勢も変わっていくと思います。これからは指導者に頼りきりにならず、自分で自分のトレーニングを考え、実行する子どもこそが世界で活躍できるアスリートへと成長することでしょう。
　そんな未来のアスリートたちのために、私たちAXISはこれからもさまざまな機会を創出していきます。
　体格差をハンデとしない運動イベントや今まで以上に成長期にフォーカスしたトレーニングメニューの考案など、トレーナーとして子どもたちを支えることで元気で明るい笑顔を増やし、輝かしい未来に貢献したいと思っています。

　最後までお読みくださり、誠にありがとうございました。

　継続、努力、感謝、成長……。

　この本をきっかけに、子どもたちがトップアスリートとして大きく羽ばたくことを祈念しております。

山田康明 （やまだ・やすあき）

1985年生まれ。岐阜県出身。
幼少期に野球を始めたことをきっかけに、トレーニングに興味をもつようになる。
専門学校を卒業後、2010年に接骨院を開業。その後、2014年にパーソナルトレーニングジム「ア
キシャス」を開業し、愛知・岐阜県で10店舗を運営する。2020年にはジュニアトレーニングにも
力を入れ、オンラインでも子どもたちにトレーニングの指導を行う。
現在は自身が提唱する「多面的アプローチによるトレーニング」を若手のトレーナーに広め、指
導者のレベル底上げをすべく日々邁進している。

トップアスリートを目指す
キッズトレーニング

2021年4月28日　第1刷発行

本書についての
ご意見・ご感想はコチラ

著　者　　山田康明
発行人　　久保田貴幸

発行元　　株式会社 幻冬舎メディアコンサルティング
　　　　　〒151-0051　東京都渋谷区千駄ヶ谷4-9-7
　　　　　電話　03-5411-6440（編集）

発売元　　株式会社 幻冬舎
　　　　　〒151-0051　東京都渋谷区千駄ヶ谷4-9-7
　　　　　電話　03-5411-6222（営業）

印刷・製本　シナノ書籍印刷株式会社
装　丁　　後藤杜彦